COMO GANAR UNA ELECCIÓN

COMO GANAR UNA ELECCIÓN

Una guía milenaria para el candidato moderno

por Quinto Tulio Cicerón

Traducido y con una introducción de Xavier Iturbide G.

ITURBIDE EDICIONES

A las dos mujeres de mi vida. Las amo.

CONTENIDO

INTRODUCCIÓN

Más de dos mil años han pasado desde que Quinto Tulio Cicerón escribió una carta a su hermano Marco, mejor conocido como Cicerón, cuando éste decidió postularse para ser Cónsul de Roma, en el año 64 AC. Sin embargo, los preceptos que aquí se pueden leer siguen siendo los mismos hoy en día, las ideas de campaña no han cambiado porque la naturaleza del hombre sigue igual.

Los hermanos Marco, mayor cuatro años, y Quinto nacieron en el poblado de italiano de Arpino, a medio camino entre Roma y Nápoles. Su familia era plebeya, pero fue elevada a Équites, una clase social de hombres de riqueza moderada que se dedicaban a los negocios, a la obra pública y la recolección de los impuestos. Aunque no eran nobles de nacimiento, los équites tenían una vida próspera y podían aspirar a cualquier cargo público durante la época de la República. Hoy en día, Marco Cicerón es considerado uno de los padres de la historia de Roma, gran jurista, orador, escritor y filósofo. Y por supuesto, su vida no hubiera sido la misma, no tan destacada al menos, de no haber seguido los sabios consejos de su hermano Quinto.

El político o candidato de hoy en día enfrenta muchos obstáculos en su campaña: fieros oponentes, sindicatos difíciles; empresarios y personas de negocios y la muchedumbre en general necesitan ser atendidos y demandan tiempo del candidato. Los medios de comunicación tienen una gran influencia sobre las elecciones, y los candidatos deben maniobrar para tener a todos contentos. No era diferente hace 2 mil años en Roma. Los senadores y las clases aristocráticas le temían a los candidatos populistas, al mismo tiempo que éstos buscaban el voto esencial de las clases obreras con el dinero y apoyo de los primeros. Una tarea complicada, pero que se volvía sencilla siguiendo las concisas y pragmáticas directrices que Quinto Tulio Cicerón apunta en este documento.

Es preciso señalar el tono en que éste documento se lee. La carta fue dirigida por Quinto a su hermano, por lo que es honesta, directa y lo que hoy consideramos "políticamente incorrecta". Sin embargo, va directo al grano, utilizando palabras fáciles de comprender y ejemplos directos donde sale a relucir la vasta experiencia y malicia del autor. Es por ello que nos encontramos algunos consejos de incomparable sabiduría popular y pragmatismo extremo como algunos de los siguientes:

1. *Apóyate y apoya a tu familia y amigos cercanos.* Los chismes nacen en casa, por ello es importante que la gente más íntima a ti se sienta siempre importante.

2. *Promete todo a todos.* ¿Por qué nos suena familiar? Porque los políticos exitoso de hoy en día es exactamente lo que hacen. Prometer no cuesta nada, y a cambio produce muchos votos. Luego, si no cumplen, se disculpan pero la elección fue ganada, que era lo importante.

3. *Rodéate de la gente indicada.* Como dice la célebre frase, "Dime con quién te llevas, y te diré quien eres." No importa si esas personas no eran tus mejores amigos, durante las elecciones necesitas su apoyo y la gente querrá verte con ellos.

4. *Cuida tu imagen.* En Roma en el 64 AC como hoy en día, la imagen que proyecta el candidato lo es todo. El gasto en publicidad y mercadeo es esencial hoy, como lo era en esos días. Los métodos y la tecnología cambian, pero la esencia se mantiene.

5. *Busca partidarios en todos lados.* Ricos y pobres. Aristócratas y gente del campo. Sindicalistas y jóvenes. Todos los votos valen lo mismo, por lo que el candidato debe atender a todos los tipos de personas y cambiar su personalidad y sus modos dependiendo de quién esté frente a él. Al final, hay que lograr caerle en gracia a todos ellos y así darán su voto sin pensarlo.

6. *Conoce las debilidades de tus oponentes, y sácales provecho.* ¿El candidato opositor tuvo problemas legales hace 20 años? Hoy es el momento de recordarle a la gente sobre ese episodio. Todos tienen un pasado, y en época de elecciones es el momento de explotar el de tus adversarios para beneficio personal.

7. *Gánate a los líderes, y habrás ganado a sus seguidores.* ¿Alguna vez ha oído hablar de votos en bloque? Es precisamente este concepto trabajando. Los líderes comunitarios, sindicales y gremios similares que se sienten identificado contigo y te apoyen, lo comunicarán a sus seguidores y éstos harán lo que sus

líderes les sugieran. Por lo tanto, el apoyo de éstos es indispensable para ganar una elección.

8. *Dale esperanza a la gente*. La gente vive de esperanza, se suele escuchar. Es por eso que debes proyectar una imagen de salvador, de alguien que le resolverá los problemas a la gente. Sabemos que después de la elección quizá todo continúe igual, pero al menos la has ganado.

Estos y muchos otros preceptos eran válidos hace dos milenios, y lo siguen siendo hoy en día. Roma, en aquella época, era la ciudad más grande y poderosa del mundo, lo que convertía a su máximo oficial público como uno de los hombres más importantes de la antigüedad. Pero aplicando los principios básicos del carácter del hombre a una carrera electoral, es muy posible que se logre el objetivo de salir vencedor en esta. Lo que se hace una vez en el cargo, es definitivamente tema de otro libro.

NOTAS CULTURALES

El texto original de donde se ha traducido el presente, es comúnmente conocido como *Commentariolum Petitionis*. Como lo hemos mencionado, fue escrito hace más de dos mil años, y a través de su milagrosa travesía de 20 siglos ha sufrido alteraciones significativas.

Escrito en latín, muchas de las palabras y los conceptos utilizados en el texto original deben ser adaptados al español, ya que muchas palabras no tiene un equivalente exacto en los dos idiomas. Nos encontramos, por ejemplo con la palabra *equites*. Su traducción literal sería caballero o persona a caballo, sin embargo en el contexto de la época significaba alguien de clase social media-alta. En el texto, me refiero a ellos como "ciudadanos comunes", para distinguirlos de la nobleza y la aristocracia. De igual forma, algunas palabras cuyo significado es difícil de entender en el contexto social presente, las he traducido como "grupos comunitarios", o "sindicatos" para su mejor comprensión. Una excepción es la palabra tribu, que se usa esporádicamente en el texto. Aunque la traducción es literal, en el contexto actual podría significar "comunidad".

Por último, es preciso señalar que este documento es meramente una adaptación del texto original, donde he buscado la mayor exactitud posible con el texto romano, pero hecho así de forma que pueda ser vigente a la situación contemporánea. Existen quienes opinan que el texto no fue escrito por Quinto Tulio Cicerón, sino por algún otro personaje cercano a Marco. Esto es posible, sin embargo lo importante es el mensaje que aquí se presenta y las consecuencias que éste tuvo en la campaña electoral.

COMO GANAR UNA ELECCIÓN

COMO GANAR UNA ELECCIÓN

Hermano Marco,

1. Aunque tú ya tienes todas las cualidades que un hombre puede poseer gracias a tu habilidad natural, experiencia, y trabajo duro, es por el afecto que nos tenemos que quisiera compartir contigo lo que he estado pensando día y noche, respecto a tu próxima campaña. No es que necesites mi consejo, pero estos asuntos pueden parecer tan caóticos que a veces lo mejor es poner las cosas en un sólo lugar y en orden.

2. Siempre recuerda que ciudad es esta, que cargo es el que buscas, y quién eres. Cada día, cuando vayas al Foro, debes decirte a ti mismo: "Soy un hombre común. Quiero ser cónsul. Esto es Roma." Cualquier crítica por ser un desconocido será mitigada de gran forma por tu habilidad al hablar en público, pues la oratoria siempre ha sido altamente valorada. Después de todo, cualquiera que haya defendido tan bien a ex-cónsules en los tribunales es merecedor de ser cónsul. Debido a que eres un excelente comunicador y tu reputación ha sido construida debido a ello, debes tomar cada compromiso de hablar en público como si tu futuro entero dependiera de ese sólo evento.

3. Es crucial que recurras a todas las habilidades que posees; lee lo que Demetrio escribió sobre el estudio y la práctica de Demóstenes. Toma en cuenta que pocos desconocidos tienen el numero y variedad de partidarios que tú tienes. Todos aquellos que tienen contratos públicos están de tu lado, así como la mayoría de la comunidad empresarial. Los pueblos de Italia también te apoyan. No olvides a toda la gente que has defendido exitosamente en los tribunales, clientes que vienen de una gran variedad de clases sociales. Y, por supuesto, recuerda a los grupos comunitarios que te apoyan. Finalmente, haz buen uso de la gente joven que te apoya y quieren aprender de ti, además de todos tus amigos fieles que están siempre a tu lado.

4. Trabaja para mantener la buena voluntad de estos grupos dándoles consejos útiles y pidiéndoles su consejo a cambio. Ahora es el momento de pedir todos los favores de regreso. No pierdas la oportunidad de recordarle a

todos los que has ayudado que deben pagarte de regreso su deuda con su apoyo. Para aquellos que no te deban nada, recuérdales que su ayuda en estos momentos te pondrá en deuda con ellos. Y por supuesto, algo que pudiera ser de gran ayuda para un desconocido es el respaldo de la aristocracia, particularmente aquellos que han sido cónsules en el pasado. Es esencial que estos hombres, del grupo al cual quieres pertenecer, te consideren digno de su compañía.

5. Debes cultivar las relaciones con estos hombres privilegiados diligentemente. Tanto tú como tus amigos deben trabajar para convencerlos que ustedes siempre han sido tradicionalistas. Nunca deben pensar en ti como un populista. Diles que, si parece que estás del lado de la gente del pueblo en cualquier asunto particular, es porque necesitas ganarte la simpatía de Pompeyo, para que el pueda usar su gran influencia en tu favor, o al menos no en contra tuya.

6. Asegúrate de trabajar para que los hombres jóvenes de las familias nobles estén de tu lado, y se queden allí. Ellos pueden ser muy útiles a tu campaña pues te darán buena imagen. Ya tienes muchos partidarios de este grupo, así que asegúrate de que sepan cuanto los aprecias. Entre más de ellos puedas ganarte, mejor.

7. Otro factor que puede ayudarte como hombre común es la pobre calidad de los hombres de la nobleza que compiten en contra tuya. Nadie en sus cinco sentidos diría que el haber nacido en una familia privilegiada los tiene a ellos mejor calificados para ser Cónsules que tus habilidades naturales. ¿Quién puede creer que hombres tan patéticos como Publio Galba y Lucio Craso se postularían para el más alto cargo, aunque vengan de las mejores familias? Puedes ver claramente que hasta aquellos de la más elevada alcurnia no están a tu nivel pues carecen del impulso.

8. Pero podrías decir, ¿Qué hay de los otros candidatos, Antonio y Catilina? ¿Seguramente son serios oponentes? Si, ciertamente lo son, pero no para alguien como tú que eres energético, trabajador, alejado del escándalo, elocuente, y popular con aquellos en el poder. Debes estar agradecido en postularte en contra de hombres como esos dos. Los dos han sido brutos desde que eran jóvenes, y aún hoy son conocidos por ser galanteadores y

derrochadores. Considera a Antonio, a quien les fueron confiscadas sus propiedades por deudas, y luego declaró bajo juramento que en Roma que él no podía siquiera competir en un juicio justo contra un Griego. Recuerdas cómo fue expulsado del senado después de una cuidadosa revisión por los censores? Y no olvides que cuando se postuló para Pretor sólo pudo poner de su lado a Sabidio y Pantera. Después de ser elegido Pretor, se desgració yendo al mercado y abiertamente comprando una niña para tenerla en su casa como esclava sexual. Finalmente, ¿Quien puede olvidar la última vez que se postuló para Cónsul, cuando salió de viaje y robó a los posaderos en vez de quedarse en Roma y enfrentarse a los votantes?

9. Y respecto a Catilina, ¡Por los dioses! ¿Cuál es su reclamación a la fama? Su sangre no es mejor que la de Antonio, pero debo aceptar que tiene más coraje. No le tiene miedo a nada, y menos a la ley, mientras que Antonio tiembla ante su propia sombra. Catilina nació en una familia humilde, creció en libertinaje con su propia hermana, y derramó sus primeras gotas de sangre matando ciudadanos y hombres de negocios en Roma como secuaz de Sila. Recordarás que fue puesto a cargo de los escuadrones de la muerte Galos que cortaron las cabezas de los Titinios, Nanios y Tanusios. Hasta mató a su propio cuñado, Quinto Cecilio, un viejo hombre de negocios amable y bueno al que no le importaba la política.

10. Catilina, tu principal oponente en esta contienda, tomó un mazo y golpeó a Marco Mario, un hombre muy popular con la gente de Roma. Mientras todos observaban, el sinvergüenza persiguió a Mario por las calles hasta una tumba donde lo torturó con total crueldad. Luego, todavía vivo, lo tomó por el pelo con su mano izquierda y lo decapitó con su mano derecha, llevándose su cabeza mientras la sangre le goteaban por los dedos. Catilina después se hizo amigo de actores -¿Puedes imaginarte eso?- y de gladiadores. Vivió una vida de libertinaje con los primeros y usó a los segundos como matones de paga en todos sus crímenes. Nunca perdió oportunidad de profanar algún santuario sagrado, incluso hasta cuando sus compañeros se rehusaron a caer tan bajo. Se hizo amigo de la peor calaña - Curio y Anio en el senado, Sapala y Carvilio en las casas de subastas, Pompilio y Vetio entre los hombres de negocios. Era tan impúdico, tan perverso, tan experto en los temas de libertinaje que abusaba de niños casi frente a sus padres. ¿Necesito

acaso recordarte lo que hizo en África? Está todo en el registro de acusaciones, los cuales, por cierto, debes tomarte el tiempo de revisar cuidadosamente. No debo olvidar recordarte que sobornó a todos durante sus juicios, tanto que frecuentemente dejaba en la ruina a los tribunales, como sus jueces habían estado anterior al juicio. Casi todos los días existe un nuevo llamado para llevarlo ante la justicia. Es tan impredecible que los hombres le temen más cuando parece que está desocupado, que cuando está causando problemas.

11. Tú tienes una mucho mejor oportunidad para ser elegido Cónsul que otro ciudadano común, Gayo Coelio, quien hace treinta años tenía a dos muy deferentes competidores que los que tú tienes hoy. Estos hombres eran de cunas distinguidas, pero sus otras cualidades era aún más sobresalientes. Ellos poseían la más grande integridad e inteligencia, la modestia más llamativa, y habían logrado muchas obras notables para Roma. Los dos manejaron sus campañas con astucia y cuidado consumados. Aún así, Coelio venció a uno de ellos para ganar un consulado, aunque era muy inferior a ellos en prestigio familiar y no era superior a ninguno en cualquier otro rasgo notable.

12. Por eso, si haces uso de tus talentos naturales y aplicas todos tus conocimientos de vida, y si no cometes errores, no debe ser difícil vencer a Antonio y Catilina -hombres más notables por sus crímenes que por su cuna. ¿Puedes acaso encontrar un sólo ciudadano romano tan despreciable que con un voto, desenvaine dos dagas sangrientas como esas sobre la República?

13. Como ya he discutido tus habilidades y cómo puedes sobreponerte al hecho de que eres un ciudadano común, quiero hablarte de los detalles sobre cómo debes ejecutar tu campaña. Quieres ser Cónsul y todos están de acuerdo en que tienes la habilidad para llevar el cargo, pero hay muchos que están celosos de ti. Tú no eres parte de la nobleza, sin embargo buscas el cargo más alto. Servir en esta posición te concedería una tremenda distinción, especialmente si tienes coraje, eres elocuente y te mantienes lejos del escándalo, a diferencia de muchos otros. Aquellos que han tenido el cargo con anterioridad conocen muy bien la gloria que ser cónsul te otorga. Aquellos quienes sus ancestros fueron cónsules pero que aún no han

conseguido ellos mismos esa posición te verán con envidia, a menos que sean ya buenos amigos tuyos. En cuanto a los ciudadanos comunes que han logrado el cargo de Pretor antes que tú pero no han logrado el consulado, van a estar amargamente celosos, exceptuando aquellos que te deben un gran favor.

14. Sé muy bien que hay muchos otros que te desprecian. Con el alboroto de los últimos años, hay muchos votantes que no quieren arriesgarse a elegir a un ciudadano común. También hay otros que están enojados contigo por los clientes que has defendido en los tribunales. Y echa un vistazo de cerca a aquellos supuestos amigos tuyos que podrían estar secretamente furiosos por tu celoso apoyo a Pompeyo.

15. Hablando claro, ya que estás buscando el cargo más importante de Roma y porque tienes tanto enemigos potenciales, no puedes darte el lujo de cometer ningún error. Debes conducir una campaña impecable, con la mayor seriedad, consideración y cuidado.

16. Postularse a un cargo de elección puede dividirse en dos tipos de actividad: asegurar el apoyo de tus amigos y ganarse a la población general. Tu ganarás el apoyo de tus amigos a través de bondad, favores, viejas conexiones, disponibilidad y carisma natural. Pero en una elección, debes pensar en amistad en términos más amplios que en la vida diaria. Para un candidato, un amigo es cualquiera que te muestra buena voluntad o busca tu compañía. Pero no ignores a aquellos que son tus amigos en el sentido tradicional mediante lazos familiares o conexiones sociales. Estas amistades deben seguirse cultivando cuidadosamente.

17. No pases por alto a tu familia y aquellos allegados a tí. Asegúrate que todos te apoyen y te deseen éxito. Esto incluye tu tribu, tus vecinos, tus clientes, tus esclavos anteriores e incluso tus empleados. Ya que cada rumor destructivo que llega al conocimiento del público se origina entre tus familiares y amigos.

18. Debes trabajar con diligencia para asegurarte el apoyo de partidarios de un amplia variedad de ambientes y clases. Los más importantes son los hombres de reputación distinguida, ya que aunque ellos no te apoyen

te conferirán dignidad por mera asociación. Trabaja para ganarte a anteriores magistrados, incluyendo aquellos que han sido cónsules, pero también a los tribunos del pueblo, ya que ello te hace parecer digno de un puesto tan alto. Hazte amigo de cualquiera que tenga gran influencia entre los centuriones y las tribus, y luego trabaja para mantenerlos a tu lado. En años recientes hombres ambiciosos han trabajado para ganar influencia entre sus compañeros tribales, así que haz lo necesario para que te apoyen de manera sincera y entusiasta.

19. Si los hombres están suficientemente agradecidos contigo, como estoy seguro que lo están, todo caerá en su lugar. En los pasados dos años has sido diligente en ganarte el apoyo de cuatro organizaciones clave, aquellas dirigidas por Gayo Fundanio, Quinto Gayo, Gayo Cornelio y Gayo Orcivicio -todos hombres de la mayor importancia para el éxito de tu campaña. Sé de los tratos que estos cuatro hicieron contigo para representar sus intereses, ya que estuve presente en las reuniones. Ahora es el momento para pedirles que paguen sus favores contigo mediante peticiones frecuentes, garantías, estímulos y consejos. Una vez más, diles que ésta es la ocasión para pagar sus deudas políticas contigo si quieren que los veas favorablemente en el futuro.

20. Recuerda también a todos aquellos que te deben algún favor por haber defendido sus intereses de forma exitosa en los tribunales. Déjales en claro a cada uno a su obligación para contigo y exactamente qué esperas de ellos. Recuérdales que nunca has pedido nada de ellos con anterioridad, pero que ahora es el momento de hacer buena la deuda que tienen contigo.

21. Hay tres cosas que garantizan los votos en una elección: favores, esperanza y apego personal. Debes trabajar para darle estos incentivos a las personas adecuadas. Puedes ganar votantes sin compromiso para tu campaña haciéndoles pequeños favores. Mucho más para que todos aquellos a los que has ayudado mucho entiendan que si no te apoyan ahora, perderán el respeto de la población. Pero visítalos personalmente y diles que si te apoyan en esta elección estarás en deuda con ellos.

22. Por aquellos que has inspirado con esperanza -un grupo celoso y devoto- debes hacerles creer que siempre estarás allí para ayudarles. Diles que

estás agradecido por su lealtad, que estás muy consciente y aprecias lo que cada uno de ellos está haciendo por ti.

23. La tercera clase de partidarios son aquellos que muestran buena voluntad por algún apego personal que creen han tenido contigo. Promueve esto adaptando tu mensaje para las circunstancias particulares de cada uno de ellos y muéstrales buena voluntad de regreso. Demuéstrales que entre más trabajen para tu campaña, más estrecho será el lazo que los unirá contigo. Para cada uno de estos tres grupos de partidarios, decide cómo te pueden ayudar en tu campaña y préstales la atención suficiente para ello, reconociendo también que tanto puedes demandarles.

24. Hay ciertos hombres clave en cada barrio y pueblo que ejercen el poder. Estas son personas diligentes y ricas que, aunque no te hayan apoyado en el pasado, pueden ser persuadidas a apoyarte si se sienten en deuda contigo o te ven como alguien útil para ellos. Mientras vayas cultivando relaciones con estos hombres, asegúrate que se den cuenta que sabes lo que puedes esperar de ellos, que reconoces lo que han hecho por ti, y que recordarás el trabajo que hicieron por ti. Pero asegúrate de distinguir a estos hombres de aquellos que parecen importantes pero que en realidad no ostentan poder alguno e incluso son impopulares con su gente. Reconocer las diferencia entre los hombres útiles e inútiles en cualquier organización te salvará de invertir tu tiempo y recursos en personas que te serán de poca ayuda.

25. Aunque las amistades que ya tienes establecidas y confirmadas te serán de gran ayuda y fortalecerán tu posición para ganar el consulado, las amistades que hagas durante la campaña pueden ser también muy útiles. Postularse para un cargo, aunque fastidioso, tiene la ventaja de de permitirte conocer muchas y variadas personas con las que normalmente no te asociarías en tu vida diaria. Esto es perfectamente respetable durante una campaña electoral -de hecho serías considerado un tonto si no sacaras ventaja de esa situación- y así podrás cultivar amistades con gente con la que ninguna persona decente hablaría, con entusiasmo y sin pena.

26. Te aseguro que no hay nadie, exceptuando tal vez a los más ardientes partidarios de tus contrincantes, a quien no puedas ganarte para

apoyar tu campaña mediante trabajo arduo y haciendo los favores adecuados. Pero esto solo funcionará si un hombre ve que valoras su apoyo, que eres sincero, que puedes hacer algo por él, y que la relación se extenderá más allá del día de las elecciones.

27. Créeme, nadie con cerebro dejará pasar la oportunidad de hacer amistad contigo, especialmente cuando tus contrincantes son del tipo de gente que nadie quiere tener como amigos. Tus oponentes no podrían prestar atención al consejo que te estoy dando, ni mucho menos seguirlo.

28. Mira a Antonio, ¿cómo puede ese hombre establecer amistades cuando no puede siquiera acordarse del nombre de la persona? ¿Puede haber algo más estúpido que un candidato crea que una persona que no conoce lo apoyará? Se necesitaría milagrosa habilidad, renombre y logros para ganar votantes sin tomarse el tiempo de hablar con ellos. Un flojo sinvergüenza, que no esta dispuesto a trabajar para ganar partidarios, que tiene una mala reputación, y que no tiene amigos no puede ganarle a un hombre apoyado por muchos y admirado por todos a menos que algo salga terriblemente mal.

29. Por eso trabaja para obtener el apoyo de todos los votantes haciendo amigos de muchos tipos. Estos deben incluir senadores, por supuesto, así como hombres de negocios de Roma y hombres importantes de todo tipo. Hay mucha gente de importancia en esta ciudad, además de los esclavos libres que frecuentan el foro. Tanto como puedas, ya sea personalmente o mediante tus amigos, trabajen para llevarlos a tu causa. Habla con ellos, manda a tus aliados, haz lo posible para demostrarles que son importantes para ti.

30. Después de esto, presta atención a los grupos comunitarios, las organizaciones vecinales y los distritos exteriores. Si te haces amigo de los líderes de cada uno de estos grupos, el resto les seguirá los pasos. Luego enfoca tu atención en los pueblos de Italia para que sepas a que tribu pertenece cada uno. Asegúrate de tener apoyo en cada colonia, aldea y granja en Italia.

31. Busca por todos lados a aquellos hombres que te representen como si fueran ellos quienes estuvieran postulados al cargo. Visítalos, habla con

ellos, conócelos. Fortalece su lealtad hacia ti en cualquier forma posible, usando el lenguaje que ellos conocen. Ellos querrán ser tus amigos si sienten que tú quieres ser su amigo. La gente de campo y de los pueblos pequeños querrán ser tus amigos si te tomas la molestia de aprenderte sus nombres - pero no son tontos. Sólo te apoyarán si creen que tienen algo que ganar. Si es así, no dejarán pasar la oportunidad de ayudarte. Otros, en especial tus contrincantes, no se molestarán en hacer amistad con este tipo de gente, así que si te tomas el tiempo, pueden ser muy valiosos para ti como amigos y aliados.

32. Pero con cualquier clase de gente, no es suficiente con meramente llamarlos por su nombre y desarrollar una amistad superficial. Debes de ser su amigo de verdad. Cuando crean que así es, los líderes de cada organización harán que sus miembros trabajen duro para ti ya que saben que ello les beneficiará también a ellos. Así que cuando todos tus partidarios entre los pueblos, barrios, tribus y varios grupos estén trabajando juntos para ti, deberás sentirse muy esperanzado.

33. Deberás prestar especial atención a los centuriones que representan a los hombres de negocios y a los ciudadanos moderadamente exitosos. Conoce a los líderes de estos grupos, lo cual no será difícil ya que no son numerosos. Muchos de ellos son jóvenes, así que debe ser más fácil ganártelos que a aquellos con viejas costumbres. Haz esto y tendrás a los mejores y más brillantes de Roma de tu lado. Este esfuerzo será de gran ayuda por el hecho de que tú eres uno de ellos, mientras trabajes para lograr este bloque de votos haciéndote amigo de sus líderes y sirviendo a los intereses comunes del grupo. Ayudará a tu campaña tremendamente tener el entusiasmo y la energía de la gente joven de tu lado para solicitar votos, ganar partidarios, dispersar noticias y hacerte ver bien.

34. Ya que he tocado el tema de los seguidores, debo decirte que debes tener una gran variedad de personas día con día. Los votantes te juzgarán de acuerdo al tipo de muchedumbre que atraigas tanto en calidad como en cantidad. Los tres tipos de seguidores son los que te buscan en tu casa, los que te acompañan al foro, y los que van contigo a dondequiera que vayas.

35. Los del primer tipo son los menos fidedignos ya que muchos visitarán a más de un candidato. Sin embargo, déjales en claro que estas complacido con su visita. Menciónales tu gratitud por esa visita en dondequiera que te los encuentres y diles a sus amigos que notaste su presencia también, ya que los amigos repetirán tus palabras con ellos. Aunque visiten a varios candidatos, puedes ganártelos y convertirlos en partidarios si les tomas especial atención. Si escuchas o te enteras que uno de ellos no está tan firme en su apoyo como aparenta, pretende que este no es el caso. Si trata de explicarte que los cargos son falsos, asegúrale que nunca has dudado de su lealtad ni hoy ni en el futuro. Haciéndole creer que confías en él como amigo, incrementas las posibilidades de que realmente sea tu amigo. Aún así, no seas imprudente al aceptar cualquier declaración de buena voluntad que escuches.

36. A aquellos que te acompañan al Foro, hazles saber que aprecias esto incluso más que sus visitas diarias a tu casa cada mañana. Trata de ir allí a la misma hora cada día para que tengas una gran muchedumbre siguiéndote. Esto impresionará a todos de gran manera.

37. Para el resto que te acompañe durante el día, asegúrate que aquellos que lo hagan por su propia voluntad sepan lo agradecido que estás por ello. A aquellos que te sigan por obligación, insiste en que lo hagan todos los días a menos que estén muy viejos o tengan asuntos de gran importancia. Si no pueden acompañarte, haz que manden algún conocido para reemplazarlos. Es vital tener una muchedumbre de seguidores devotos contigo todo el tiempo.

38. Parte del grupo que deben estar allí por obligación son aquellos a quienes has defendido en los tribunales. Estos hombres te deben la preservación de sus propiedades, su reputación, y en algunos casos sus vidas, así que no seas tímido al demandarles que estén a tu lado. No habrá otra oportunidad como ésta, así que ciertamente deben pagar su deuda contigo con su presencia.

39. Debido a que he escrito tanto sobre la amistad, creo que ahora es el momento de mencionar una nota de precaución. La política está llena de engaños, perfidia y traiciones. No entraré en una larga discusión de cómo identificar a los verdaderos de los falsos amigos, pero sí quiero darte un

simple consejo. Tu buena naturaleza llevó a algunos hombres a simular una amistad contigo cuando en realidad estaban celosos de ti, así que recuerda las sabias palabras de Epicarmo: "No confíes en las personas con facilidad."

40. Una vez que sepas quiénes son tus verdaderos enemigos, piensa en ellos también. Hay tres tipos de personas que se pondrán en contra tuyo: aquellos a quienes has hecho daño, aquellos que te odian sin razón aparente, y los amigos cercanos de tus oponentes. Hacia aquellos a quienes has hecho daño por defender a tus amigos, se amable y discúlpate con ellos, recuérdales que simplemente estabas defendiendo a alguien muy cercano a ti y que harías lo mismo por ellos si fueran tus amigos. A aquellos que no les agradas por cualquier razón, trata de ganártelos siendo amable con ellos o haciéndoles algún favor, o preocupándote por ellos. Y para aquellos que son amigos de tus rivales, utiliza las mismas técnicas, demostrando benevolencia incluso a aquellos que son tus enemigos.

41. He dicho suficiente sobre amistades políticas, ahora hablaré sobre cómo impresionar al resto de los votantes. Esto se logra sabiendo quienes son estas personas, siendo agradable y generoso, promoviendo tu imagen, estando disponible y nunca darse por vencido.

42. Primeramente, nada impresiona más a un votante promedio que un candidato que se acuerda de él, así que trabaja todos los días para acordarte de nombres y caras. Ahora, my hermano, tú tienes muchas cualidades, pero aquellas de las que careces debes adquirirlas y debe parecer que has nacido con ellas. Tienes excelentes modales y eres siempre cortés, pero puedes ser bastante duro a veces. Desesperadamente debes aprender el arte de la adulación -algo deshonroso en la vida diaria pero esencial cuando estás postulado a un cargo. Si utilizas la adulación para corromper a un hombre, eso no tiene excusa, pero si utilizas el congraciamiento como una manera de hacer amistades políticas, es aceptable. Porque un político debe ser como un camaleón, adaptándose a cada persona que conoce, cambiando su expresión y su discurso como sea necesario.

43. ¡No dejes Roma! Ser asiduo significa quedarse y eso es lo que debes hacer. No hay tiempo para vacaciones durante una campaña electoral. Debes estar presente en la ciudad y en el Foro, hablando con los votantes, y luego

hablar con ellos al día siguiente, y el día después. Nunca permitas que alguien pueda decir que le faltó tu total y frecuente atención durante la campaña.

44. La generosidad es también un requisito para un candidato, aunque no afecte directamente a todos los votantes. A la gente le gusta escuchar que eres generoso con tus amigos en eventos como banquetes, así que asegúrate de que tú y tus aliados los celebre con frecuencia para los líderes de cada tribu. Otra forma de ser generoso, es estar disponible para aquellos que te necesitan, día y noche. Mantén las puertas de tu hogar abiertas, pero también mantén abierto tu rostro y tu expresión, ya que estas son las ventanas al alma. Si pareces cerrado y distraído cuando la gente habla contigo, no importará que las puertas de tu casa nunca estén cerradas. La gente no sólo quiere compromisos de parte de un candidato, sino que los quiere entregados de una manera comprometida y generosa.

45. Por ello lo que quiere que hagas, debes hacerlo libremente y con entusiasmo. Pero a veces debes hacer algo más difícil, especialmente para un hombre de buena naturaleza como tú, y eso es decirle no a alguien que te pide que hagas algo por él. La otra opción es decir siempre que si -un camino tomado con frecuencia por candidatos políticos. Pero cuando alguien te pide que hagas algo imposible, como ir en contra de algún amigo, debes por supuesto negarte por cuestión de honor, explicando tu compromiso hacia con tu amigo, lamentando tu decisión y prometiendo que le compensarás por tu decisión de otra manera.

46. Pero decir que no es solamente para esos casos extremos. Alguna vez escuche de un hombre que pidió a varios abogados tomar su caso, pero estuvo más conforme con las amables palabras de quien lo rechazó, que con aquellos que aceptaron representarlo. Esto demuestra que las personas se emocionan más por las apariencias que por la realidad, aunque me doy cuenta que este camino es más difícil para alguien como tú que es seguidor del filósofo Platón. Aún así debo decirte lo que tienes que escuchar como candidato a un cargo público. Si rechazas a un hombre inventando una historia sobre algún compromiso personal con un amigo, puede alejarse sin molestarse contigo. Pero si le dices que estás muy ocupado o tienes cosas

más importantes que hacer, te odiará. La gente prefiere escuchar una mentira piadosa que una negativa rotunda.

47. Acuérdate de Cota, el maestro de las campañas, quien decía que le prometía todo a todos, a menos que un compromiso previo se lo impidiera, y luego cumplía sólo aquellas que le beneficiaban en lo personal. Rara vez rechazaba a alguien, ya que decía que frecuentemente a la persona a la que le hacía una promesa, al final no necesitaría de su ayuda, o que incluso él mismo podría tener más tiempo disponible del que pensaba para ayudar. Después de todo, si un político hiciera sólo promesas que pudiera cumplir, tendría muy pocos amigos. Cosas suceden que no esperábamos, o dejan de suceder. Las promesas rotas se pierden en una nube de circunstancias cambiantes, así que el resentimiento hacia ti por no cumplirlas será mínimo.

48. Si rompes una promesa, las consecuencias son inciertas y el número de personas afectadas es pequeño. Pero si te resistes a hacer promesas, la consecuencia es exacta y produce enojo in mediato en un gran número de votantes. La mayoría de los que piden tu ayuda, nunca la necesitarán realmente. Por ello es mejor tener unas pocas personas decepcionadas en el Foro cuando incumplas, que tener una muchedumbre fuera de tu casa cuando dejes de prometerle lo que quieren escuchar. La gente por naturaleza estará mucho más molesta con un hombre que los ha rechazado rotundamente, que con uno que se ha echado para atrás en sus obligaciones diciendo que le encantaría ayudarlos si tan sólo pudiera hacerlo.

49. No pienses que me he desviado del tema discutiendo sobre promesas para ganarse a las masas, dado que tu reputación es igual de importante entre el público en general y tus amigos cercanos. Los segundos requieren respuestas amables y fina atención cuando sea necesario, pero ahora estamos hablando de la población general. Debes ganarte a estos votantes y llevarlos de tu lado, para que tu casa siempre esté llena de partidarios cada mañana, mantenerlos a tu lado prometiéndoles protección, y mandarlos a sus casas entusiasmados por tu causa, aún más de cuando llegaron, para que más y más gente escuche cosas buenas de ti.

50. Debes siempre pensar en la publicidad. He hablado de esto durante la carta entera, pero es vital que utilices todos los recursos a tu alcance para

llevar noticias de tu campaña a la audiencia más amplia posible. Tu habilidad como orador es clave, ya que es el soporte de la comunidad de negocios y de aquellos que llevan a cabo contratos públicos. ¿Necesito mencionar de nuevo el apoyo de la nobleza, de los jóvenes más brillantes, de los que has defendido en los tribunales y de los líderes de los pueblos de Italia? Tener a estos grupos apoyándote harpa que la población piense que estás bien conectado, que tienes muchos amigos importantes, que eres un candidato trabajador y que eres una persona amable y generosa. Esto harpa que tu casa se llene de partidarios antes del amanecer. A ellos debes decirles lo que quieren escuchar mientras trabajas arduamente para ganarte el voto de todos. Trabaja duro para lograr esto y te ganarás personalmente a mucha de la gente común, en vez de que sólo escuchen buenas cosas de ti a través de sus amigos.

51. Ya tienes el apoyo de la muchedumbre Romana y de aquellos que ejercen influencia sobre ellos gracias a tu adulación de Pompeyo y la defensa de sus hombres, Manilio y Cornelio. Ahora debes hacer lo que nadie ha hecho, agregando al apoyo de la muchedumbre, el de la nobleza. Pero nunca te olvides de recordar al pueblo que te has ganado la buena voluntad de su héroe Pompeyo y que le agradará que tú seas Cónsul.

52. Finalmente, respecto a la muchedumbre de Roma, asegúrate de montar un buen espectáculo. Digno, si, pero lleno de color y espectacular para que le agrade a las masas. Tampoco te afectaría que le recordarás a la gente lo sinvergüenzas que son tus oponentes, y desprestigiarlos en cada oportunidad hablando de sus crímenes, escándalos sexuales y corrupción en los que han tomado parte.

53. La parte más importante de tu campaña es llevarle esperanza a la gente y recibir la buena voluntad de todos ellos. Por otro lado, no debes hacer compromisos específicos ante la gente o el Senado. Hay que atenerse a generalidades. Dile al Senado que mantendrás intacto su poder y privilegios. Dile a la comunidad de negocios y a los ciudadanos ricos que apoyas la estabilidad y la paz. Asegúrale a la gente común que siempre has estado de su lado, tanto es tus discursos como en la defensa de sus intereses en el tribunal.

54. Todas estas cosas se me han ocurrido respecto a las dos meditaciones matutinas que te he sugerido llevas a cabo: "Soy un ciudadano común. Quiero se Cónsul." Ahora déjame ir brevemente a la tercera, "Esto es Roma." Nuestra ciudad es una cloaca de humanidad, un lugar de falsedad, complots y vicios de toda clase. A donde quiera que voltees verás arrogancia, terquedad, maldad, orgullo y odio. En medio de tal remolino de maldad, se necesita un hombre notable y con buen juicio para evitar tropezarse, eludir las habladurías y la traición. ¿Cuántos hombres podrían mantener su integridad mientras se adaptan a distintas formas de comportarse, hablar y sentir?

55. En un mundo tan caótico, debes atenerte al camino que has escogido. Es tu habilidad insuperable como orador la que atrae a la gente de Roma hacia ti. Podría ser que tus oponentes utilicen el soborno para llevar a tus seguidores hacia ellos, dado que esto funciona comúnmente. Pero hazles saber que estrás observándolos cuidadosamente y que perseguirás cualquier acción de su parte en los tribunales. Tendrán miedo de tu seguridad y tu oratoria, y en la influencia que tienes en la comunidad de negocios.

56. No tienes que llevar a tus oponentes ante el juez con cargos de corrupción, solo hazles saber que estás dispuesto a hacerlo. El miedo funciona mejor que la acción legal. Y no te desalientes por tanto hablar de corrupción. Estoy seguro que hasta en las elecciones más corruptas hay muchos votantes que apoyarán a los candidatos en los que creen, sin necesidad de que dinero cambie de manos.

57. Así que si estás alerta como lo requiere esta campaña, si inspiras a tus partidarios, si escoges bien a los hombres que trabajarán contigo, si amenazas a tus oponentes con cargos criminales, creando miedo entre sus huestes, y contienes a aquellos que reparten su dinero, puedes superar la corrupción o al menos minimizar sus efectos.

58. Esto es todo lo que debo decirte, mi hermano. No es que sepa más de política y elecciones que tu, pero sé lo ocupado que estás y pensé que sería más fácil para mí escribir esta serie de reglas. Claro que nunca pensaría que estos preceptos aplican para cualquier persona que busque un cargo -están

pensadas solo para ti- pero apreciaría si tuvieras cualquier cosa que agregar, o sugerencia, ya que quiero que este manual para elecciones esté completa.

EPÍLOGO

Cicerón es hoy en día uno de los nombres mejor conocidos de la historia de Roma. No hubiera sido así si no hubiera ganado la elección para Cónsul en el año 64 AC. El hecho de que Cicerón era un ciudadano común, *equites*, irritó a muchos nobles. Durante su consulado, su rival vencido, Catilina, trató de desacreditarlo y luchó con el por dos años más, hasta la muerte de éste último en el 62 AC. El fin político de Cicerón comenzó en el año 60 AC, cuando éste se opuso al triunvirato formado por César, Pompeyo y Craso. Siguió activamente en la política de Roma, aunque la República ahora estaba en camino de convertirse en Imperio. Por muchos años se mantuvo en oposición cautelosa en el gobierno, incluso forzado a abandonar Roma en el 49 AC y refugiándose en una de sus mansiones campestres en las afueras de la ciudad. Finalmente fue asesinado por ordenes de Marco Antonio en el año 43 AC, junto con su hermano Quinto.

GLOSARIO DE PERSONAJES

Antonio: Gayo Antonio Híbrida, fue tio de Marco Antonio y mejor concido como matón al servicio de Sula. Fue elegido al Senado en el 70 AC y expulsado un año después. Conocido por sus atrocidades, se gano el apodo de "Hombre Bestia". A pesar de ser ayudado a conseguir el puesto de Pretor por Cicerón en el 74 AC, se alineó con Catilina para competir por el consulado en el 64 AC.

Catilina: Lucio Sergio Catilina, fue también secuaz de Sula y gobernador romano del Norte de África. Fue pretor cuatro años antes de postularse al consulado.

Cornelio: Gayo Cornelio, fue tribuno y trabajó para limitar los poderes del Senado. Por ello fue acusado y llevado a juicio, pero allí fue defendido exitosamente por Cicerón.

Cota: Gayo Aurelio Cota, fue Cónsul en 75 AC y también cómplice de Sula.

Demóstenes: Político y el más grande orador del antigua Grecia. Nació en el 384 AC y se sobrepuso a una infancia humilde y a problemas de lenguaje para conseguir el éxito. Cicerón era un fiel seguidor de sus escritos y filosofía.

Epicarmo: Un autor cómico griego que vivió en el quinto siglo AC.

Gayo Coelio: Logró ser elegido como tribuno en el 107 AC, fue uno de los primeros ciudadanos comunes en ser nombrado Cónsul en el 94 AC.

Manilio: Gayo Manilio, aliado de Pompeyo, fue acusado por sus enemigos pero fue defendido exitosamente por Cicerón, como un favor al segundo.

Marco Mario: Asesinado por Catilina, era popular entre la muchedumbre por sus reformas monetarias.

Platón: Filósofo griego nacido en el 429 AC, su filosofía sobre la verdadera naturaleza del hombre lo ha hecho uno de los más famosos escritores de la historia.

Pompeyo: Pompeyo Magno, fue un general romano muy rico y popular entre el público en general.

Sula: Lucio Cornelio Sula (138-78 AC) fue un dictador romano, quien se destacó por su crueldad y por legalizar el homicidio de sus oponentes al incluirlos en listas de traidores.

BIBLIOGRAFÍA

1. Purser, L.C., ed. *M. Tulli Ciceronis Epistulae*, Vol. 3, Clarendon Press, Oxford, 1953.

2. Everitt, Anthony, *Cicero: The life and times of Rome's greatest politician*. Random House, New York, 2003.

3. Richardson, J.S., *The Commentaroiolum Petitionis*, Historia 20, 1971.

4. Holland, Tom, *Rubicon: The last years of the Roman Republic*, Anchor, 2005.